_____

_____

_____

"HAVE NOTHING . . . THAT YOU DO NOT KNOW TO BE USEFUL,
OR BELIEVE TO BE BEAUTIFUL."
-WILLIAM MORRIS

Reaction Collection          *Shores*          Betsy Marsch

_____     ___/___/___

_____  ___/___/___

_____     ___/___/___

_____   ___/___/___

_____  __/__/__

8

_____     ___/___/___

_____  ___/___/___

_____     __/__/__

_____     ___/___/___

_____ ___/___/___

_____ ___/___/___

_____   ___/___/___

_____     ___/___/___

_____ __/__/__

_____      ___/___/___

_____  ___/___/___

_____     ___/___/___

_____   ___/___/___

_____   ___/___/___

_____  ___/___/___

_____   ___/___/___

_____  __/__/__

26

_____    __/__/__

_____     ___/___/___

_____     ___/___/___

_____  ___/___/___

_____ \_\_/\_\_/\_\_

_____     ___/___/___

_____     ___/___/___

_____ ___/___/___

_____  ___/___/___

_____     __/__/__

_____  ___/___/___

_____     ___/___/___

_____  ___/___/___

_____          ___/___/___

_____  ___/___/___

_____ \_\_/\_\_/\_\_

_____  ___/___/___

_____    ___/___/___

_____ ___/___/___

_____     ___/___/___

_____ ___/___/___

_____     ___/___/___

_____   __/__/__

54

_____    ___/___/___

_____  ___/___/___

_____  ___/___/___

_____ ___/___/___

_____    ___/___/___

_____ ___/___/___

_____   ___/___/___

_____     ___/___/___

_____   ___/___/___

_____  ___/___/___

_____   ___/___/___

_____        __/__/__

_____     ___/___/___

_____ ___/___/___

_____   ___/___/___

_____  ___/___/___

_____  ___/___/___

_____     ___/___/___

_____     ___/___/___

_____     ___/___/___

_____     ___/___/___

_____  ___/___/___

_____ ___/___/___

_____   ___/___/___

_____    ___/___/___

_____    ___/___/___

_____ ___/___/___

_____     ___/___/___

_____  ___/___/___

_____  ___/___/___

_____     ___/___/___

_____  ___/___/___

_____  ___/___/___

_____ ___/___/___

_____     ___/___/___

_____   ___/___/___

_____    ___/___/___

The Betsy Marsch
# REACTION COLLECTION

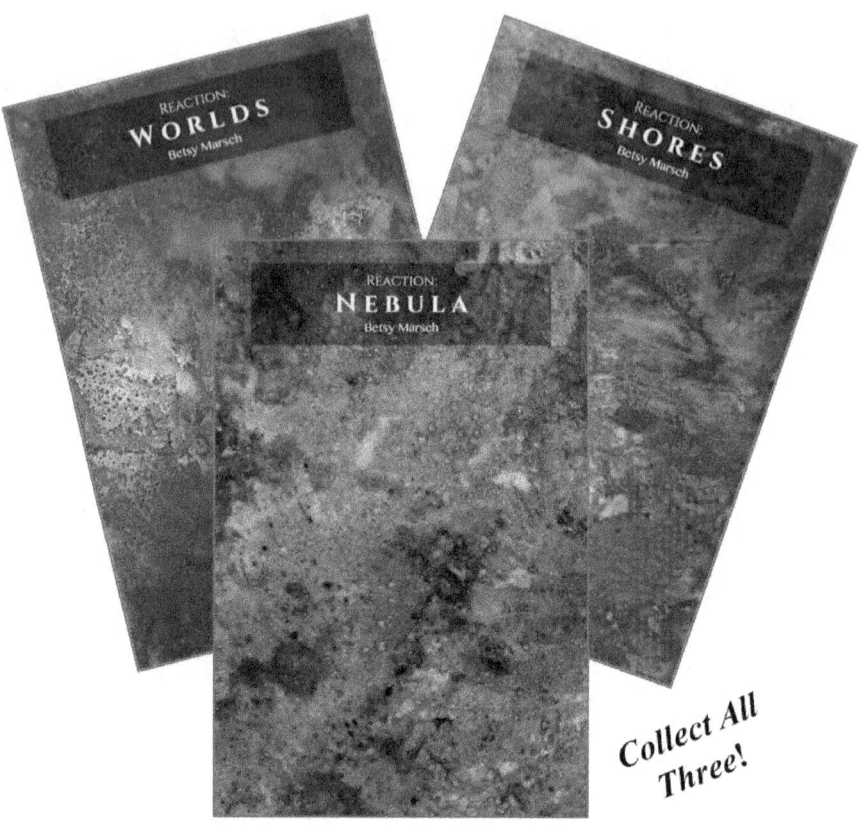

These covers represent the cosmic confusion of the world which in itself results in random patterns of beauty. Perhaps they will inspire the artist within toward self-creation!

Concerning the Artist

Betsy Marsch is an artist specializing in oil painting and portraiture, though she does work in a variety of media, including watercolor, drawing, printmaking, graphic design, and sculpture. She currently lives and works in Franklin, Tennessee.

Betsy holds a Bachelor of Arts in painting and visual aesthetics from Union University in Jackson, Tennessee. Her minor was in philosophy, which with aesthetics forms a convenient bridge between academic research and studio practice. Her work is primarily with portraiture and the human figure, but academic interests often direct her projects into more varied channels. Her most recent work includes experimentation with metal substrates and chemical reactions. Betsy has exhibited in solo and group exhibitions and in 2016 she attended a residency at the New York Academy of Art.

Besides portraiture Betsy accepts commissions for a wide variety of projects. If you would like to commission a portrait or other work of art, or if you have any comments or inquiries, please feel free to contact her at info@BetsyMarsch.com.